Rezeptübersicht

Lasagne mit Crème fraîche

Auflaufform: 20 x 20 cm, 5 cm hoch

x2

3 Portionen
Pro Portion: 655 kcal
39 g KH | 29 g EW
41 g Fett

Lecker mit Crème fraîche

Zutaten:

250 g	Hackfleisch, gemischt
etwas	Salz & Pfeffer
etwas	Öl zum Anbraten
60 g	Käse (z.B. Gouda)
6	Lasagneplatten
150 g	Crème fraîche

für die Soße:

1 EL	Röstzwiebeln
1	Knoblauchzehe
20 g	getr. Tomaten, ohne Öl
1 Dose	geschälte Tomaten (400 g)
225 g	Wasser
1 TL	Oregano, getr.
1 EL	Gemüsebrühpulver, gestrichen
1 Msp.	Pfeffer
ggf. etwas Salz	

Zubereitung:

1. Backofen auf 200°C Ober-/Unterhitze (Umluft 180°C) vorheizen. Hackfleisch mit etwas Salz und Pfeffer würzen und in einer Pfanne mit heißem Öl anbraten. Käse in Stücken in den Mixtopf geben und **5 Sek./Stufe 7** reiben. Umfüllen.

2. Röstzwiebeln, Knoblauch und getrocknete Tomaten im Mixtopf **12 Sek./Stufe 10** zerkleinern. Geschälte Tomaten zugeben und **10 Sek./Stufe 8** pürieren. Restliche Zutaten für die Soße zugeben und **7 Min./90°C/Stufe 2** erhitzen.

3. Soße aus dem Mixtopf mit dem gebratenen Hackfleisch mischen und im Wechsel mit den Lasagneplatten in eine Auflaufform schichten. Mit Soße beginnen und abschließen. Crème fraîche und geriebenen Käse darüber geben und im vorgeheizten Backofen ca. 30 Min. backen.

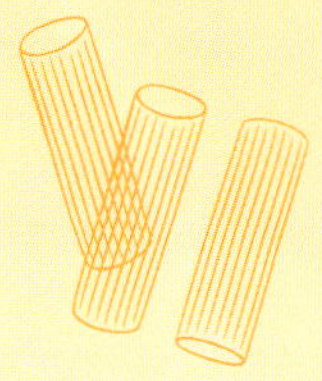

Makkaronilasagne mit Ricotta

Zutaten:

250 g Hackfleisch, gemischt
etwas Salz & Pfeffer
etwas Öl zum Anbraten
90 g Käse (z.B. Gouda)
10 g Parmesan
250 g Makkaroni

für die Soße:

1 kl. Knoblauchzehe
1 EL Olivenöl
380 g Wasser, lauwarm
250 g passierte Tomaten
1 TL Gemüsebrühpulver, leicht gehäuft
30 g Tomatenmark
75 g Ricotta
1 TL Oregano, getr.
1 TL Basilikum, getr.
1 TL Thymian, getr.
½ TL Salz
¼ TL Pfeffer
½ TL Zucker

x2

3 Portionen
Pro Portion: 754 kcal
66 g KH | 38 g EW
36 g Fett

Auflaufform:
25 x 15 cm, 5 cm hoch

Zubereitung:

1. Backofen auf 200°C Ober-/Unterhitze (Umluft 180°C) vorheizen.
Hackfleisch mit etwas Salz und Pfeffer würzen und in einer Pfanne mit heißem Öl anbraten.
Käse und Parmesan in Stücken in den Mixtopf geben und **10 Sek./Stufe 7** reiben. Umfüllen.

2. Knoblauch im Mixtopf **5 Sek./Stufe 5** zerkleinern. Mit dem Spatel nach unten schieben.
Öl zugeben und **2 Min./120°C/Stufe 1** dünsten. Restliche Zutaten für die Soße zugeben und **7 Min./90°C/Stufe 2** erhitzen.

3. In der Zwischenzeit Nudeln in der Mitte brechen und im Wechsel mit Hackfleisch und Soße in eine Auflaufform schichten. Mit geriebenem Käse bestreuen und im vorgeheizten Backofen ca. 35 Min. backen.

Putenschnitzel mit Camembert

Auflaufform:
25 x 18 cm, 6 cm hoch

x2

4 Portionen

Pro Portion: 419 kcal
7 g KH | 18 g EW
36 g Fett

Zutaten:

4	Putenschnitzel
etwas	Salz & Pfeffer
etwas	Öl zum Anbraten
120 g	Camembert (mild-würzig)

für die Soße:

1	Knoblauchzehe
80 g	Camembert
160 g	Sahne
120 g	Wasser, lauwarm
110 g	Milch, 1,5%
1 EL	Gemüsebrühpulver, gestrichen
1 EL	Speisestärke, leicht gehäuft
1 Prise	Salz
1 Msp.	Pfeffer
½ Bd.	Schnittlauch, in Röllchen geschnitten

Zubereitung:

1. Putenschnitzel flach klopfen und mit Salz und Pfeffer würzen. 120 g Camembert in 8 Scheiben schneiden. Auf jedem Schnitzel 2 Scheiben Camembert verteilen, zusammenklappen und mit Holzspießen fixieren. In einer Pfanne mit heißem Öl von beiden Seiten kräftig anbraten. Die Schnitzel müssen nicht durchgebraten sein (s. Bild)! Schnitzel in eine Auflaufform geben, Holzspieße entfernen. Backofen auf 200°C Ober-/Unterhitze (Umluft: 180°C) vorheizen.

2. Knoblauchzehe in den Mixtopf geben und **5 Sek./Stufe 5** zerkleinern. 80 g Camembert zugeben und **5 Sek./Stufe 5** zerkleinern. Restliche Zutaten für die Soße zugeben und **5 Min./90°C/Stufe 3** erhitzen.

3. Soße über die Schnitzel gießen und im vorgeheizten Backofen ca. 25 Min. backen.

TIPP: Dazu passen gut Kroketten oder Kartoffeln. Kroketten können Sie im Ofen bei Umluft gleich mitgaren. Die Soße passt auch gut zu gebratenem Schweinefilet.

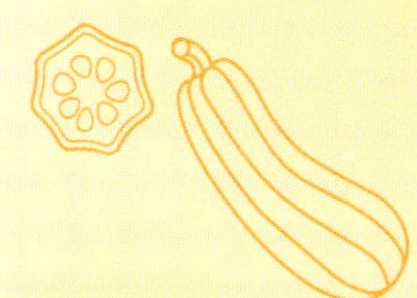

Zutaten:

1.200 g	Wasser (TM31: 1.000 g)
500 g	Hähnchenbrustfilet
etwas	Salz & Pfeffer
etwas	Paprikapulver, scharf
1-2	Karotten (100 g)
1	Zucchini (120 g)
1	rote Paprika (100 g)

für die Soße:

1 kl. Handvoll Petersilie

100 g	Frischkäse
1 TL	Tomatenmark
75 g	Sahne
120 g	Wasser, lauwarm
1 EL	Gemüsebrühpulver, gestrichen
1 EL	Speisestärke, gestrichen
½ TL	Senf, mittelscharf
½ TL	Paprikapulver, rosenscharf

Hähnchentopf mit Gemüse

3 Portionen
Pro Portion: 401 kcal
14 g KH | 45 g EW
17 g Fett

Zubereitung:

1. Wasser in den Mixtopf geben. Hähnchenfleisch in Würfel schneiden, mit Salz, Pfeffer und Paprikapulver würzen und auf dem Varoma-Einlegeboden verteilen. Karotten und Zucchini in Scheiben schneiden, Paprika in Streifen. Gemüse unten in den Varoma geben. Das Ganze nun **22 Min./Varoma/Stufe 1** garen.

2. Nach Garzeitende Fleisch und Gemüse warm halten, Garflüssigkeit weggießen und Mixtopf trocknen.

3. Für die Soße Petersilie in den Mixtopf geben und **5 Sek./Stufe 8** zerkleinern. Restliche Zutaten zugeben und **5 Min./80°C/Stufe 3** erhitzen. Soße mit Fleisch und Gemüse vermischen und servieren.

GRÖSSERE MENGE : Verwenden Sie die doppelte Menge an Fleisch und braten Sie es in der Pfanne an. Gemüse in großer Menge wie beschrieben im Varoma garen.
Wer möchte kann noch Reis oder Kartoffelwürfel im Gareinsatz mitgaren.
Die Soße können Sie im Mixtopf verdoppeln.

Mediterrane Gemüselasagne

Auflaufform:
ca. 20 x 20 cm, 5 cm hoch

3 Portionen ×2

Pro Portion: 495 kcal
39 g KH | 16 g EW
29 g Fett

Zutaten:

100 g	Käse (z.B. Gouda)
6	Lasagneplatten
300 g	Gemüse (1 rote Paprika, 1 gelbe Paprika, 1 Zucchini)
200 g	Cocktailtomaten

für die Soße:

1 EL	Rosmarinnadeln, frische
1	Knoblauchzehe
2 TL	Röstzwiebeln
1 TL	Thymian, getr.
1 TL	Oregano, getr.
250 g	Wasser, lauwarm
150 g	Sahne
1 TL	Salz
¼ TL	Pfeffer
1 TL	Gemüsebrühpulver, leicht gehäuft
1 EL	Speisestärke

Zubereitung:

1. Backofen auf 200°C Ober-/Unterhitze (Umluft 180°C) vorheizen. Käse in Stücken in den Mixtopf geben und **5 Sek./Stufe 7** reiben. Umfüllen. Gemüse in Würfel schneiden, Cocktailtomaten halbieren. Beiseitestellen.

2. Rosmarinnadeln, Knoblauch und Röstzwiebeln in den Mixtopf geben und **15 Sek./Stufe 8** zerkleinern. Mit dem Spatel nach unten schieben. Restliche Zutaten für die Soße zugeben und **10 Sek./Stufe 4** mischen. Gemüse und Cocktailtomaten zugeben und **5 Min./100°C/ ↺ /Sanftrührstufe** erhitzen.

3. Die Soße mit dem Gemüse im Wechsel mit den Lasagneplatten in eine Auflaufform schichten. Mit Soße beginnen und abschließen. Zum Schluss mit geriebenen Käse bestreuen und im vorgeheizten Backofen ca. 30 Min. backen.

Zucchini-Moussaka

Auflaufform:
rund Ø 22 cm. 5 cm hoch

×2

3 Portionen
Pro Portion: 380 kcal
20 g KH | 25 g EW
21 g Fett

Zutaten:

50 g	Käse (z.B. Gouda)
200 g	Zucchini
250 g	Kartoffeln
250 g	Rinderhackfleisch
etwas	Salz & Pfeffer
etwas	Öl zum Anbraten

für die Soße:

75 g	Zwiebel, halbiert
300 g	Wasser, lauwarm
70 g	Tomatenmark
1 TL	Oregano, getr.
1 TL	Paprikapulver, edelsüß
1 TL	Salz
½ TL	Pfeffer
½ TL	Gemüsebrühpulver
1 Msp.	Chilipulver
1 Msp.	Muskat, gem.

Zubereitung:

1. Käse in Stücken in den Mixtopf geben und **5 Sek./Stufe 7** reiben. Umfüllen. Zucchini in dicke Scheiben schneiden und in eine Auflaufform geben. Kartoffeln schälen und mit einem Hobel in dünne Scheiben (ca. 3 mm) hobeln. Backofen auf 200°C Ober-/Unterhitze (Umluft 180°C) vorheizen.

2. Für die Soße Zwiebel im Mixtopf **5 Sek./Stufe 5** zerkleinern. Restliche Zutaten für die Soße zugeben und **5 Min./90°C/Stufe 2** aufkochen. Kartoffelscheiben zugeben und **10 Min./90°C/ ↺ /Sanftrührstufe** garen.

3. Hackfleisch mit Salz und Pfeffer würzen und in einer Pfanne mit heißem Öl anbraten. Kartoffelscheiben samt Soße zum gebratenem Hackfleisch in die Pfanne geben und noch mal 2-3 Min. kochen lassen. Das Ganze zu den Zucchinischeiben in die Auflaufform geben und vermengen. Mit geriebenem Käse bestreuen und im vorgeheizten Backofen ca. 30 Min. backen.

Zutaten:

50 g	Käse (z.B. Gouda)
300 g	Hackfleisch, gemischt
etwas	Salz & Pfeffer
etwas	Öl zum Anbraten
3	rote Paprikaschoten (500 g)
1	Knoblauchzehe
25 g	Lauch
35 g	Knollensellerie
50 g	Karotten
1 EL	Öl
250 g	passierte Tomaten
½ TL	Salz
2 Msp.	Pfeffer
1 TL	Gemüsebrühpulver
1 TL	Oregano, getr.
1 TL	Thymian, getr.
100 g	Gemüsemais

TIPP

Dazu passen Reis oder Kartoffeln. Die Masse eignet sich auch ideal zum Füllen von Zucchini. Dazu empfehlen wir die fixe Paprikasoße (Umschlaginnenseite hinten).

Zubereitung:

1. Backofen auf 180°C Ober-/Unterhitze (Umluft: 160°C) vorheizen. Käse in Stücken in den Mixtopf geben und **5 Sek./Stufe 7** reiben. Umfüllen. Hackfleisch mit Salz und Pfeffer würzen und in einer Pfanne mit heißem Öl anbraten. Paprikaschoten halbieren, Kerne entfernen und in eine Auflaufform setzen.

2. Knoblauch, Lauch, Sellerie und Karotten in Stücken in den Mixtopf geben und **5 Sek./Stufe 6** zerkleinern. Mit dem Spatel nach unten schieben. Öl zugeben und **5 Min./120°C/Stufe 1** dünsten.

3. Restliche Zutaten (außer Mais) zugeben und **20 Sek./Stufe 8** pürieren. Mixtopf öffnen und Soßenreste vom Mixtopfdeckel mithilfe des Spatels zurück in den Mixtopf schieben. Hackfleisch und Mais zugeben und **3 Sek./ ⟲ /Stufe 3** vermengen. (Bei doppelter Menge Soße umfüllen und in einer Schüssel mit Mais und Hackfleisch mischen.)

4. Hackfleischmasse in die Paprikahälften füllen, mit geriebenem Käse bestreuen und im vorgeheizten Backofen 35-40 Min. überbacken.

Puten-Nudelauflauf mit Paprika

Zutaten:

1	kl. rote Paprika
200 g	Putengeschnetzeltes
etwas	Salz & Pfeffer
etwas	Öl zum Anbraten
150 g	Spiralnudeln
80 g	Käse (z.B. Gouda)

für die Soße:

40 g	Zwiebel
½	rote Chilischote, entkernt
1 EL	Olivenöl
40 g	Tomatenmark
500 g	Wasser, lauwarm
½ TL	Salz
1 EL	Gemüsebrühpulver
½ TL	Paprikapulver, edelsüß
½ TL	Paprikapulver, rosenscharf
¼ TL	Paprikapulver, geräuchert
½ TL	Zitronensaft
½ TL	Kurkuma
¼ TL	Rosmarinpulver
1 Msp.	Muskat, gem.
2 TL	Zucker

x2

3 Portionen
Pro Portion: 446 kcal
46 g KH | 18 g EW
20 g Fett

Auflaufform:
oval 30 x 20 cm

Zubereitung:

1. Backofen auf 200°C Ober-/Unterhitze (Umluft: 180°C) vorheizen. Paprika der Länge nach halbieren, Kerne entfernen und in Streifen schneiden. Putenfleisch mit etwas Salz und Pfeffer würzen und in einer Pfanne mit heißem Öl anbraten. Paprika zugeben und kurz mitbraten. Das Ganze zusammen mit den ungekochten Nudeln in eine Auflaufform geben.

2. Käse im Mixtopf **5 Sek./Stufe 7** reiben. Umfüllen. Zwiebel und Chilischote in den Mixtopf geben und **5 Sek./Stufe 5** zerkleinern. Mit dem Spatel nach unten schieben. Olivenöl zugeben und **2 Min./120°C/Stufe 1** dünsten. Restliche Zutaten für die Soße hinzufügen und **5 Min./100°C/Stufe 2** erhitzen.

3. Soße über den Auflauf gießen, etwas vermengen und mit geriebenem Käse bestreuen. Im vorgeheizten Backofen ca. 30 Min. backen.

3 Portionen ×2

Pro Portion: 253 kcal
11 g KH | 34 g EW
8 g Fett

Zutaten:

400 g	Hähnchenbrust

für die Soße:

1	Knoblauchzehe
75 g	Zwiebel, halbiert
2 EL	Röstzwiebeln
1 kl. Handvoll	Petersilie
½ TL	weißer Pfeffer
1 TL	Salz
1 TL	Gemüsebrühpulver
¼ TL	Thymian, getr.
1 TL	Zucker
¼ TL	Senf, mittelscharf
1 TL	Speisestärke
250 g	Kochsahne, 15% Fett*

* alternativ 150 g Sahne und 100 g Milch gemischt

Zubereitung:

1. Backofen auf 200°C Ober-/Unterhitze (Umluft: 180°C) vorheizen. Hähnchenbrust in eine Auflaufform legen.
2. Knoblauch, Zwiebel, Röstzwiebeln und Petersilie im Mixtopf **4 Sek./Stufe 6** zerkleinern. Restliche Zutaten für die Soße zugeben und **10 Sek./Stufe 5** mixen.
3. Soße über das Hähnchen gießen und im vorgeheizten Backofen ca. 30 Min. garen.

TIPP

Dazu passen sehr gut Kroketten oder schmale Bandnudeln. Kroketten können Sie im Ofen auf Umluft gleich mitgaren.

Überbackene Blumenkohl-Makkaroni

Auflaufform:
25 x 18 cm, 6 cm hoch

Zutaten:

130 g	kurze Makkaroni (7 Min. Kochzeit, z.B. von Barilla)
75 g	Kochschinken
360 g	Blumenkohl
100 g	Käse (z.B. Gouda)

für die Soße:

40 g	rote Zwiebel
1	Knoblauchzehe
1 EL	Öl
400 g	Milch, 1,5%
100 g	Kochsahne, 15% Fett
1 EL	Speisestärke, leicht gehäuft (15 g)
1 TL	8-Kräuter-Mischung, TK
1 TL	Gemüsebrühpulver
1 TL	Salz
½ TL	Zucker
½ TL	Kurkuma
¼ TL	weißer Pfeffer
2 Msp.	Muskat, gem.

3 Portionen x2

Pro Portion: 494 kcal
48 g KH | 28 g EW
19 g Fett

Zubereitung:

1. Backofen auf 200°C Ober-/Unterhitze (Umluft: 180°C) vorheizen.
Ungekochte Nudeln in eine Auflaufform geben. Schinken klein würfeln und Blumenkohl in kleine Röschen teilen. Beides mit den Nudeln vermengen. Käse in Stücken in den Mixtopf geben und **5 Sek./Stufe 7** reiben. Umfüllen.

2. Zwiebel und Knoblauch im Mixtopf **5 Sek./Stufe 5** zerkleinern. Mit dem Spatel nach unten schieben. Öl zugeben und **3 Min./120°C/Stufe 1** dünsten. Restliche Zutaten für die Soße zugeben und **5-6 Min./90°C/Stufe 3** aufkochen.

3. Soße über die Nudeln gießen, mit Käse bestreuen und im vorgeheizten Backofen ca. 40 Min. backen.

TIPP

Auch lecker mit Brokkoliröschen.

Paprika-Hack-Pfanne

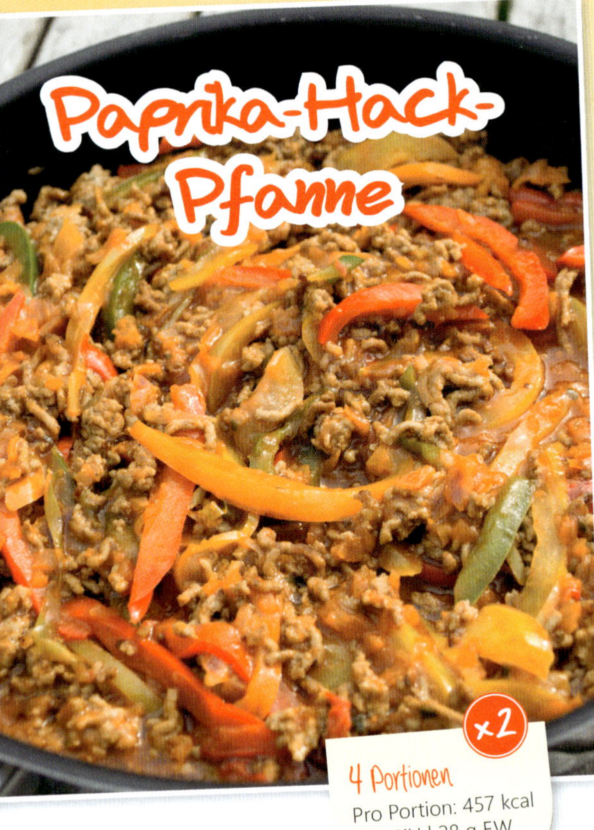

x2

4 Portionen

Pro Portion: 457 kcal
13 g KH | 28 g EW
32 g Fett

Fein würzig mit Koriander und Kreuzkümmel!

Zutaten:

500 g	Hackfleisch, gemischt
etwas	Salz & Pfeffer
3	Paprika, rot, grün, gelb (500 g)
etwas	Öl zum Anbraten

für die Soße:

100 g	rote Zwiebel, halbiert
1	Knoblauchzehe
1	kl. Chilischote, entkernt
20 g	Öl
50 g	Tomatenmark
300 g	Wasser, lauwarm
1 TL	Zitronensaft
2 TL	Kreuzkümmel/Cumin, gem.
2 TL	Koriander, gem.
1 TL	Zucker
1 TL	Paprikapulver, edelsüß
½ TL	Currypulver
1 ½ TL	Salz
½ TL	weißer Pfeffer
1 TL	8-Kräuter-Mischung, TK
1 EL	Speisestärke, leicht gehäuft

Zubereitung:

1. Für die Soße Zwiebel, Knoblauch und Chilischote **5 Sek./Stufe 5** zerkleinern. Mit dem Spatel vom Mixtopfrand nach unten schieben. Öl zugeben und **2 Min./120°C/Stufe 1** dünsten.

2. Restliche Zutaten für die Soße zugeben und **5 Min./90°C/Stufe 3** erhitzen. In der Zwischenzeit Paprika in Streifen schneiden.

3. Hackfleisch mit Salz und Pfeffer würzen und in einer Pfanne mit heißem Öl anbraten. Hackfleisch aus der Pfanne nehmen und Paprikastreifen mit etwas Öl anbraten. Das gebratene Hackfleisch sowie die Soße aus dem Mixtopf wieder zugeben und kurz aufkochen lassen.

TIPP

Dazu passen Reis oder Kartoffeln. Statt der frischen Chilischote können Sie auch ½ TL Chiliflocken verwenden.

Chili con Carne

Zutaten:

250 g Hackfleisch, gemischt
etwas Salz & Pfeffer
etwas Öl zum Anbraten
1 Dose Kidneybohnen (Inhalt 400 g)

für die Soße:

100 g Zwiebel, halbiert
1 Knoblauchzehe
1 EL Öl
200 g Wasser
1 gestr. TL Gemüsebrühpulver
70 g Tomatenmark
½ TL Paprikapulver, geräuchert
½ TL Zucker
1 TL Salz
¼ TL Pfeffer
¼ TL Thymian, getr.
¼ TL Oregano, getr.
1 Msp. Ingwer, gem.
2 Msp. Chilipulver
1 Spr. Zitronensaft
etwas Petersilie, grob gehackt

x2

2 Portionen
Pro Portion: 673 kcal
39 g KH | 46 g EW
32 g Fett

Zubereitung:

1. Hackfleisch mit Salz und Pfeffer würzen und in einer Pfanne mit heißem Öl anbraten. Kidneybohnen in ein Sieb geben und waschen. Beiseite stellen.

2. Zwiebel und Knoblauch im Mixtopf **5 Sek./Stufe 5** zerkleinern. Mit dem Spatel vom Mixtopfrand Richtung Topfboden schieben. Öl zugeben und **3 Min./120°C/Stufe 1** dünsten.

3. Restliche Zutaten für die Soße zugeben und **4 Min./100°C/Stufe 1** erhitzen.

4. Abgetropfte Bohnen und Hackfleisch mit in den Mixtopf geben, kurz mit dem Spatel vermischen und das Ganze **6 Min./80°C/ ⟲ /Stufe 0.5** (TM31: Sanftrührstufe) erhitzen. Das Chili con Carne nochmal mit Salz und Chilipulver abschmecken und servieren.

TIPP

Dazu passt sehr gut Baguette! Sie können das Chili auch noch mit etwas Mais verfeinern.

Hackfleisch-Käse-Suppe

Zutaten:

100 g	Zwiebel, halbiert
1	Knoblauchzehe
25 g	Öl
1 Stange	Lauch (220 g)
430 g	Wasser
1 EL	Gemüsebrühpulver
250 g	Rinderhackfleisch
etwas	Salz & Pfeffer
etwas	Öl zum Anbraten
200 g	Sahneschmelzkäse
1 Msp.	Muskat, gem.

4 Portionen

Pro Portion: 382 kcal
5 g KH | 22 g EW
31 g Fett

Zubereitung:

1. Zwiebel und Knoblauch im Mixtopf **5 Sek./Stufe 5** zerkleinern. Mit dem Spatel nach unten schieben. Öl zugeben und **3 Min./120°C/Stufe 1** dünsten. Lauch in feine Ringe schneiden.

2. Lauch, Wasser, Gemüsebrühpulver sowie etwas Salz und Pfeffer zugeben und **10 Min./100°C/Stufe 1** kochen. In der Zwischenzeit Hackfleisch mit Salz und Pfeffer würzen und in einer Pfanne mit heißem Öl anbraten.

3. Schmelzkäse, Muskat sowie das gebratene Hackfleisch zugeben und noch mal **5 Min./100°C/ ⟲ /Stufe 1** aufkochen.

GRÖSSERE MENGE : Doppelte Menge an Hackfleisch und Lauch in einem großen Topf mit Öl anbraten. Dann Schritt 1 ausführen. Wasser, Gemüsebrühepulver, Salz, Pfeffer, Schmelzkäse und Muskat zugeben und **10 Min./80°C/Stufe 2** erhitzen. Suppe zum Hackfleisch/Lauch geben und am Herd noch mal kurz ziehen lassen.

Lachs auf Blattspinat

2 Portionen
Pro Portion: 623 kcal
20 g KH | 37 g EW
43 g Fett

Auflaufform:
25 x 15 cm, 5 cm hoch

Zutaten:

2	frische Lachsfilets (à 125 g), mit oder ohne Haut

für den Spinat:

1	Knoblauchzehe
70 g	Wasser
1 TL	Gemüsebrühpulver
400 g	Blattspinat, TK (portionierbar)

für die Soße:

1	Knoblauchzehe
100 g	Zwiebel, halbiert
25 g	Butter
30 g	Mehl
100 g	Wasser, lauwarm
100 g	Milch, 1,5%
100 g	Sahne
½ TL	Pfeffer
1 TL	Salz
½ TL	Kurkuma
1 TL	Gemüsebrühpulver

Zubereitung:

1. Für den Spinat Knoblauchzehe im Mixtopf **5 Sek./Stufe 6** zerkleinern. 70 g Wasser, Gemüsebrühpulver und gefrorenen Spinat zugeben und **10 Min./90°C/Stufe 1** erhitzen. Danach in eine Auflaufform geben. Lachsfilets darauf setzen. Backofen auf 200°C Ober-/Unterhitze (Umluft: 180°C) vorheizen.

2. Für die Soße Knoblauchzehe und Zwiebel **5 Sek./Stufe 5** zerkleinern. Mit dem Spatel nach unten schieben. Butter zugeben und **2 Min./100°C/Stufe 2** dünsten. Mehl zugeben und erneut **2 Min./100°C/Stufe 2** anschwitzen. Restliche Zutaten für die Soße hinzufügen und **8 Min./90°C/Stufe 3** erhitzen.

3. Soße über den Lachs gießen und je nach Dicke der Lachsfilets 25-30 Min. backen.

GRÖSSERE MENGE : Sie können auch 2 Filets mit je 250 g mit der gleichen Menge Spinat und Soße zubereiten. Mit einer Beilage wie z.B. Kartoffeln reicht das Gericht für 4-6 Portionen. Wenn Sie gefrorenen Lachs verwenden, verlängert sich die Backzeit um 10-15 Min.

Zutaten:

250 g	Nudeln (11 Min. Kochzeit, z.B. Penne Rigate von Barilla)
100 g	Räucherlachs
200 g	Blattspinat, TK (portionierbar)

für die Soße:

50 g	Zwiebel
1	kl. Knoblauchzehe
1 EL	Öl
200 g	Wasser
100 g	Sahne
40 g	Sahneschmelzkäse
2 TL	Speisestärke
2 Msp.	weißer Pfeffer
1 TL	Salz
2 TL	Gemüsebrühpulver
1 Spr.	Zitronensaft
2 Msp.	Muskat, gem.

x2

3 Portionen

Pro Portion: 597 kcal
66 g KH | 23 g EW
25 g Fett

1. Nudeln in reichlich Salzwasser nach Packungsanweisung garen. Lachs in feine Streifen schneiden.

2. Zwiebel und Knoblauch im Mixtopf **5 Sek./Stufe 5** zerkleinern und mit dem Spatel nach unten schieben. Öl zugeben und **3 Min./120°C/Stufe 1** dünsten. Alle restlichen Zutaten für die Soße zugeben **10 Sek./Stufe 4** mischen.

3. Gefrorenen Spinat zugeben und **10 Min./100°C/Stufe 1** aufkochen. Nudeln mit Lachs und Soße in einer Schüssel mischen und servieren.

TIPP

Sie können die Nudeln auch direkt im Mixtopf kochen und anschließend die Soße zubereiten. Wie das funktioniert, lesen Sie rechts beim Gericht "Pilz-Rahm-Pasta" nach.

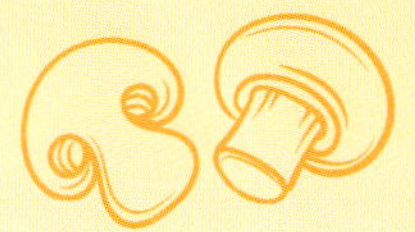

Pilz-Rahm-Pasta

Zutaten:

1.500 g	Wasser, lauwarm (TM31: 1.200 g)
250 g	Nudeln (11 Min. Kochzeit, z.B. Penne Rigate von Barilla)
150 g	braune Champignons
1 EL	Öl
1 TL	Salz

für die Soße:

80 g	Zwiebel, halbiert
1 EL	Öl
100 g	Kochsahne, 15% Fett
100 g	Milch, 1,5%
80 g	Garflüssigkeit
½ TL	Thymian, getr.
2 TL	Gemüsebrühpulver
1 TL	Salz
½ TL	Pfeffer
1 Msp.	Muskat, gem.
1 EL	Speisestärke, leicht gehäuft (15 g)
100 g	Kochschinken
etwas	Petersilie, grob gehackt

3 Portionen
Pro Portion: 479 kcal
69 g KH | 23 g EW
11 g Fett

Zubereitung:

1. Wasser in den Mixtopf geben und **10 Min./100°C/Stufe 1** aufkochen. In der Zwischenzeit Schinken in kleine Würfel und Pilze in dünne Scheiben schneiden. Nudeln, Pilze sowie 1 EL Öl und 1 TL Salz zugeben und **13 Min./90°C/ ⟲ /Stufe 1** kochen.

2. Nudeln samt Pilzen absieben, dabei 80 g Garflüssigkeit auffangen. Nudeln und Pilze warm halten und währenddessen die Soße zubereiten.

3. Zwiebel im Mixtopf **5 Sek./Stufe 5** zerkleinern und mit dem Spatel nach unten schieben. Öl zugeben und **2 Min./120°C/Stufe 1** dünsten. Alle restlichen Zutaten für die Soße (außer Schinken und Petersilie) zugeben **10 Sek./Stufe 10** mixen. Schinkenwürfel zugeben und **5 Min./100°C/ ⟲ /Stufe 1** aufkochen. Soße mit den Nudeln und Pilzen mischen und mit Petersilie bestreut servieren.

GRÖSSERE MENGE : Sie können die Soße im Mixtopf auch verdoppeln. Nudeln und Pilze dann in einem Topf am Herd kochen. Garflüssigkeit entnehmen Sie vom Nudelwasser.

Gratinierte Schweinemedaillons

Lecker mit Spätzle!

Auflaufform:
25 x 18 cm, 6 cm hoch

x2

4 Portionen

Pro Portion: 387 kcal
8 g KH | 43 g EW
19 g Fett

Zutaten:

50 g	Käse (z.B. Gouda)
600 g	Schweinefilet
etwas	Salz & Pfeffer
250 g	Champignons
etwas	Öl zum Anbraten

für die Soße:

1	Knoblauchzehe
20 g	getrocknete Steinpilze
1 Handvoll glatte Petersilie	
250 g	Milch, 1,5%
100 g	Sahne
1 TL	Salz
1 TL	Gemüsebrühpulver
1 TL	Tomatenmark
¼ TL	Kurkuma
½ TL	Paprikapulver, edelsüß
1 EL	Speisestärke
etwas	Pfeffer, frisch gem.

TIPP

Kann auch mit Puten- oder Schweinegeschnetzeltem gekocht werden.

Zubereitung:

1. Backofen auf 200°C Ober-/Unterhitze (Umluft: 180°C) vorheizen. Käse in Stücken in den Mixtopf geben, **5 Sek./Stufe 7** reiben. Umfüllen.

2. Schweinefilet in 8 Medaillons schneiden. Mit Salz und Pfeffer würzen. Champignons in Scheiben schneiden. Fleisch in einer Pfanne mit heißem Öl von jeder Seite scharf anbraten und in eine Auflaufform geben. Danach die Champignons anbraten. Auf einem Küchenkrepp kurz abtropfen lassen und auf dem Fleisch verteilen.

3. Für die Soße Knoblauchzehe und getrocknete Pilze **15 Sek./Stufe 10** fein mahlen. Petersilie zugeben, **5 Sek./Stufe 10** zerkleinern und mit dem Spatel nach unten schieben. Restliche Zutaten für die Soße zugeben und **5-6 Min./90°C/Stufe 3** erhitzen.

4. Soße über den Medaillons und Pilzen verteilen und mit Käse bestreuen. Im vorgeheizten Backofen ca. 25 Min. überbacken.

Zutaten:

450 g	Schweinefilet
etwas	Öl zum Anbraten

für die Soße:

1	Knoblauchzehe
80 g	Zwiebel, halbiert
2 TL	eingelegte, grüne Pfefferkörner
1 EL	Öl
15 g	Tomatenmark
150 g	Sahne
100 g	Milch, 1,5%
1 TL	Gemüsebrühpulver, gestrichen
2 TL	Speisestärke, gestrichen
1 Msp.	Senf, mittelscharf (erbsengroß)
etwas	Salz

Pfeffer-Rahm-Medaillons

x2

3 Portionen

Pro Portion: 432 kcal
9 g KH | 36 g EW
28 g Fett

Zubereitung:

1. Schweinefilet in 6 Medaillons schneiden und mit Salz und Pfeffer würzen. Fleisch in einer Pfanne mit heißem Öl braten. In der Zwischenzeit Soße zubereiten.

2. Pfefferkörner in den Mixtopf geben und **4 Sek./Stufe 8** zerkleinern. Knoblauch und Zwiebel zugeben und **5 Sek./Stufe 5** zerkleinern. Mit dem Spatel nach unten schieben. Öl zugeben und **2 Min./120°C/Stufe 1** dünsten.

3. Restliche Zutaten für die Soße zugeben und **5 Min./90°C/Stufe 3** erhitzen. Soße mit den Medaillons servieren.

Lecker mit Kroketten!

Tomatenhähnchen mit bunten Nudeln

4 Portionen
Pro Portion: 485 kcal
65 g KH | 26 g EW
12 g Fett

Zutaten:

300 g	Hähnchengeschnetzeltes
etwas	Salz & Pfeffer
150 g	Karotten
300 g	bunte Nudeln

für die Soße:

50 g	Zwiebel
1	Knoblauchzehe
2 EL	Öl
1 TL	Thymian, getr.
1 TL	Oregano, getr.
15 g	Weißweinessig
350 g	Wasser
1 Dose	stückige Tomaten (400 g)
1 TL	Salz
¼ TL	Pfeffer
1 TL	Zucker
1 TL	Paprikapulver, edelsüß
1 EL	Speisestärke
100 g	Kochsahne, 15% Fett
etwas	Petersilie, grob gehackt

Zubereitung:

1. Hähnchenfleisch mit Salz und Pfeffer würzen und auf dem Varoma-Einlegeboden verteilen. Karotten in dünne Scheiben schneiden und unten in den Varoma geben.

2. Zwiebel und Knoblauch in den Mixtopf geben und **5 Sek./Stufe 5** zerkleinern. Mit dem Spatel nach unten schieben. Öl zugeben und **3 Min./120°C/Stufe 1** dünsten. Restliche Zutaten für die Soße (außer Speisestärke, Sahne und Petersilie) zugeben. Varoma aufsetzen und das Ganze **22 Min./Varoma/Stufe 1** garen.

3. In der Zwischenzeit Nudeln in reichlich Salzwasser nach Packungsanweisung garen. Speisestärke mit 1 EL Wasser in einer kleinen Tasse anrühren. Sahne und angerührte Speisestärke zur Soße geben und **2 Min./90°C/Stufe 1** erhitzen. Soße mit Nudeln, Fleisch und Karotten mischen und mit gehackter Petersilie bestreut servieren.

GRÖSSERE MENGE : Wenn Sie die doppelte Menge herstellen möchten, braten Sie das Fleisch in einer Pfanne mit heißem Öl an. Die Karottenscheiben kochen Sie mit den Nudeln im Kochtopf. Für die Soße Zwiebel und Knoblauch wie gewohnt zerkleinern und dünsten. Soßenzutaten (nur 500 g Wasser) komplett zugeben und **6 Min./80°C/Stufe 3** kochen.

Zutaten:

200 g	Karotten
150 g	kurze Makkaroni (7 Min. Kochzeit, z.B. von Barilla)
75 g	Erbsen, TK
400 g	Hähnchen- oder Putengeschnetzeltes
etwas	Salz & Pfeffer
etwas	Öl zum Anbraten

für die Soße:

90 g	Zwiebel, halbiert
650 g	Wasser
1 EL	Öl
1 EL	Gemüsebrühpulver, leicht gehäuft
20 g	Tomatenmark
1 TL	Paprikapulver, edelsüß
1 Msp.	Pfeffer
1 TL	Salz
½ TL	Zucker
1 EL	Speisestärke, leicht gehäuft

1 Handvoll Petersilie, grob gehackt

100 g	Kochsahne, 15% Fett

4 Portionen

Pro Portion: 410 kcal
40 g KH | 28 g EW
14 g Fett

Zubereitung:

1. Für die Soße Zwiebel in den Mixtopf geben und **5 Sek./Stufe 5** zerkleinern. Wasser, Öl und Gemüsebrühpulver zugeben und **8 Min./100°C/Stufe 1** aufkochen. Karotten in dünne Scheiben schneiden und beiseitelegen.

2. Ungekochte Nudeln, Erbsen, Tomatenmark und Gewürze zugeben, **8 Min./90°C/↺/Sanftrührstufe** kochen. In der Zwischenzeit Fleisch mit etwas Salz und Pfeffer würzen und in einer Pfanne mit heißem Öl anbraten. Karottenscheiben zugeben und mitbraten. Speisestärke mit 2 EL Wasser in einer kleinen Tasse anrühren, Petersilie grob hacken und beiseitestellen.

3. Nach Garzeitende prüfen, ob die Nudeln gar sind. Ggf. 1-2 Min. nachstellen. Dann angerührte Speisestärke, Petersilie und Sahne zugeben und noch mal **1 Min./90°C/↺/Stufe 1** erhitzen. Nudel-Erbsen-Gemisch zum Fleisch in die Pfanne geben, vermengen und noch mal kurz ziehen lassen.

Ofenspaghetti mit Mozzarella

Auflaufform:
25 x 15 cm, 5 cm hoch

2 Portionen

Pro Portion: 780 kcal
87 g KH | 29 g EW
33 g Fett

Zutaten:

200 g	Spaghetti
200 g	Cocktailtomaten
1 Kugel	Mozzarella (125 g)

für die Soße:

60 g	Zwiebel, halbiert
1	Knoblauchzehe
40 g	getr. Tomaten, ohne Öl
15 g	Öl
530 g	Wasser, lauwarm
50 g	Tomatenmark
50 g	Sahne
1 EL	ital. Kräuter, getr.
1 TL	Salz, gestrichen
½ TL	Pfeffer
¼ TL	Rosmarinpulver
1 TL	Zucker
½ TL	Gemüsebrühpulver
1 Msp.	Cayennepfeffer
1 Msp.	Muskat, gem.

Zubereitung:

1. Backofen auf 200°C Ober-/Unterhitze (Umluft 180°C) vorheizen.
   Spaghetti in der Mitte durchbrechen und in eine Auflaufform geben. Cocktailtomaten halbieren und Mozzarella in Scheiben schneiden. Beiseitelegen.

2. Für die Soße Zwiebel, Knoblauch und getrocknete Tomaten im Mixtopf **7 Sek./Stufe 6** zerkleinern. Mit dem Spatel nach unten schieben. Öl zugeben und **3 Min./120°C/Stufe 1** dünsten. Restliche Zutaten für die Soße zugeben und **7 Min./90°C/Stufe 2** erhitzen. Im Anschluss **20 Sek./Stufe 8** pürieren und über die Spaghetti gießen, etwas vermengen.

3. Cocktailtomaten und Mozzarellascheiben darauf verteilen und im vorgeheizten Backofen 25-30 Min. backen.

VARIANTE Ofentortellini:

Statt 200 g Spaghetti können Sie auch 500 g Tortellini (Kühltheke) verwenden. Die Backzeit reduziert sich dann auf 20 Min. Die Menge entspricht 4 Portionen.

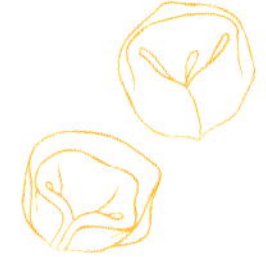

Cannelloni mit Hackfleisch

Zutaten:

300 g	Hackfleisch, gemischt
etwas	Salz & Pfeffer
etwas	Öl zum Anbraten
70 g	Käse (z.B. Gouda)
50 g	Frischkäse
1 TL	Tomatenmark
½ TL	Paprikapulver, edelsüß
8	Cannelloni (85 g)

für die Soße:

1	Knoblauchzehe
75 g	Tomatenmark
400 g	Wasser, lauwarm
1 TL	Gemüsebrühpulver
½ TL	Salz
½ TL	Zucker
¼ TL	Pfeffer
1 TL	Oregano, getr.
1 TL	Basilikum, getr.
1 TL	Thymian, getr.

x2

2 Portionen
Pro Portion: 790 kcal
40 g KH | 45 g EW
49 g Fett

Zubereitung:

1. Hackfleisch mit etwas Salz und Pfeffer würzen und in einer Pfanne mit heißem Öl anbraten. Abkühlen lassen. Käse in Stücken in den Mixtopf geben und **5 Sek./Stufe 7** reiben. Umfüllen.

2. Das abgekühlte Hackfleisch in den Mixtopf geben. Frischkäse, 1 TL Tomatenmark sowie Paprikapulver zugeben und **4 Sek./Stufe 4** grob zerkleinern und vermengen. Den Backofen auf 200°C Ober-/Unterhitze (Umluft 180°C) vorheizen. Die Cannelloni mit der Hackmasse füllen und nebeneinander in eine Auflaufform legen.

3. Für die Soße Knoblauchzehe **5 Sek./Stufe 6** zerkleinern. Restliche Zutaten für die Soße zugeben und **7 Min./90°C/Stufe 2** erhitzen.

4. Soße aus dem Mixtopf über die Cannelloni gießen, mit geriebenem Käse bestreuen und im vorgeheizten Backofen 25-30 Min. backen.

Tomate-Mozzarella Geschnetzeltes

Lecker cremig mit viel Soße!

Zutaten:

400 g	Hähnchengeschnetzeltes
etwas	Salz & Pfeffer
etwas	Öl zum Anbraten
250 g	Cocktailtomaten
1 Kugel	Mozzarella (125 g)

für die Soße:

50 g	Zwiebel
1	Knoblauchzehe
20 g	getr. Tomaten (Softtomaten)
25 g	Öl
70 g	Tomatenmark
250 g	Wasser
100 g	Sahne
2 TL	ital. Kräuter, getr.
1 TL	Salz
¼ TL	Pfeffer

Zubereitung:

1. Für die Soße Zwiebel, Knoblauch und getrocknete Tomaten im Mixtopf **6 Sek./Stufe 6** zerkleinern. Mit dem Spatel nach unten schieben. Öl zugeben und **3 Min./120°C/Stufe 1** dünsten. Restliche Zutaten für die Soße zugeben und **20 Sek./Stufe 5** mixen.
2. Fleisch mit etwas Salz und Pfeffer würzen und in einer Pfanne mit heißem Öl anbraten. In der Zwischenzeit Cocktailtomaten halbieren und Mozzarella in Scheiben schneiden. Nachdem das Fleisch angebraten ist, Cocktailtomaten zugeben und 2-3 Min. mitbraten. Soße aus dem Mixtopf mit in die Pfanne geben und nochmal 2 Min. aufkochen lassen. Mozzarellascheiben darübergeben und kurz schmelzen lassen. Fertig!

TIPP

Dazu passen Nudeln, Gnocchi oder Salat mit Baguette. Wer nicht so viel Soße möchte nimmt nur 200 g Wasser und 80 g Sahne.

Geschnetzeltes Toskana

Zutaten:

250 g	Schweinegeschnetzeltes
etwas	Salz & Pfeffer
etwas	Öl zum Anbraten
100 g	Cocktailtomaten
150 g	Champignons, braun

für die Soße:

1 EL	Rosmarinnadeln, frische
1	Knoblauchzehe
1 kl. Handvoll Petersilie	
60 g	rote Zwiebel, halbiert
40 g	Tomatenmark
225 g	Wasser
1 EL	Speisestärke, gestrichen
1 TL	Gemüsebrühpulver
½ TL	Kurkuma
½ TL	Paprikapulver, rosenscharf
1 TL	Salz
¼ TL	Pfeffer
1 TL	Thymian, getr.
1 Spritzer Zitronensaft	

x2

2 Portionen
Pro Portion: 475 kcal
16 g KH | 28 g EW
32 g Fett

Zubereitung:

1. Für die Soße Rosmarinnadeln, Knoblauch und Petersilie im Mixtopf **2x 2 Sek./Turbo** zerkleinern. Zwiebel zugeben und **5 Sek./Stufe 5** zerkleinern. Restliche Zutaten für die Soße hinzufügen und **4 Min./80°C/Stufe 2** erhitzen.

2. Fleisch mit etwas Salz und Pfeffer würzen und in einer Pfanne mit heißem Öl anbraten. In der Zwischenzeit Cocktailtomaten halbieren und Champignons in Scheiben schneiden. Nachdem das Fleisch angebraten ist, Pilze zugeben und kurz mitbraten. Cocktailtomaten und Soße aus dem Mixtopf mit in die Pfanne geben und nochmal 3-4 Min. kochen lassen.

TIPP

Dazu passen Gnocchi, Kartoffeln, Baguette oder einfach gemischter Salat.

VARIANTE mit Zucchini:

Geben Sie noch 100 g Sahne mit den Tomaten zum Geschnetzelten in die Pfanne. Champignons können auch durch Zucchini ersetzt werden.

Gyros Geschnetzeltes

Mit Tomaten und Feta!

Zutaten:

500 g	Schweineschnitzel
etwas	Salz & Pfeffer
etwas	Öl zum Anbraten
100 g	Zwiebel, halbiert
150 g	Cocktailtomaten
100 g	Feta

für die Soße:

2	Knoblauchzehen
1 EL	Röstzwiebeln
1 TL	Kreuzkümmel/Cumin, gem.
1 TL	Thymian, getr.
1 TL	Oregano, getr.
1 TL	Salz
1 TL	Zucker
1 TL	Paprikapulver, edelsüß
¼ TL	Cayennepfeffer
2 Msp.	Rosmarin, gem.
15 g	Tomatenmark
170 g	Wasser
1 EL	Speisestärke
1 EL	Rotwein (altern. dunklen Balsamicoessig)

x2

4 Portionen

Pro Portion: 447 kcal
11 g KH | 28 g EW
32 g Fett

Zubereitung:

1. Für die Soße Knoblauchzehen und Röstzwiebeln im Mixtopf **7 Sek./Stufe 6** zerkleinern. Restliche Zutaten für die Soße zugeben, **10 Sek./Stufe 5** mixen und **2 Min./100°C/Stufe 2** erhitzen.

2. Fleisch in Streifen schneiden, mit etwas Salz und Pfeffer würzen und in einer Pfanne mit heißem Öl anbraten. In der Zwischenzeit Zwiebel in Scheiben schneiden. Nachdem das Fleisch angebraten ist, Zwiebel zugeben und 3-5 Min. bei mittlerer Hitze mitbraten. Cocktailtomaten zugeben und kurz erwärmen.

3. Soße aus dem Mixtopf mit in die Pfanne geben und vermengen. Fetakäse mit den Händen grob zerbröseln und untermischen. Sofort servieren.

TIPP

Dazu passt am besten Reis oder Fladenbrot.

VARIANTE als Döner:

Tomaten und Feta einfach weglassen und das Gyros z.B. zum Füllen von Fladenbrot als Döner verwenden.

Zutaten:

100 g	Zwiebel, halbiert
35 g	Öl
500 g	Gulasch, gemischt

für die Soße:

330 g	Wasser, lauwarm
30 g	Paprikamark
20 g	Tomatenmark
2 TL	Paprikapulver, edelsüß
1 TL	Paprikapulver, rosenscharf
½ TL	Paprikapulver, geräuchert
1	Lorbeerblatt
1 TL	Salz
½ TL	Pfeffer
2 Spr.	Zitronensaft
1 TL	Zucker
1 EL	Speisestärke, leicht gehäuft

4 Portionen
Pro Portion: 347 kcal
9 g KH | 25 g EW
23 g Fett

Zubereitung:

1. Zwiebel im Mixtopf **5 Sek./Stufe 5** zerkleinern. Öl zugeben und **2 Min./120°C/Stufe 1** dünsten. Gulasch zugeben und **5 Min./Varoma/Sanftrührstufe** erhitzen, dabei ab und an Linkslauf zuschalten, damit das Fleisch nicht am Messer hängen bleibt.

2. Nun Zutaten für die Soße (außer Speisestärke) zugeben und **80 Min./90°C/ ⟲ /Sanftrührstufe** garen. Danach das Lorbeerblatt entfernen. Speisestärke mit 2 EL Wasser anrühren, zugeben und noch mal **5 Min./90°C/ ⟲ /Sanftrührstufe** andicken.

TIPP

Dazu passen Semmelknödel, Kartoffeln oder Nudeln.
Achtung: Bitte kein Geflügelfleisch verwenden, da dies im Mixtopf zerfällt!

x2

2 Portionen
Pro Portion: 309 kcal
24 g KH | 11 g EW
17 g Fett

Pikant mit Sojasoße!

Zutaten:

250 g	Putengeschnetzeltes
etwas	Salz & Pfeffer
etwas	Öl zum Anbraten
1	Karotte
2	Frühlingszwiebeln
1	rote Paprika

für die Soße:

1	Knoblauchzehe
½	gelbe Chilischote, entkernt
1 Stück	Ingwer, haselnussgroß (5 g)
15 g	Sesamöl
1 TL	Zucker
40 g	Sojasauce
170 g	Wasser
½ TL	Gemüsebrühpulver
1 Spritzer	Zitronensaft
1 EL	Speisestärke, gehäuft

Zubereitung:

1. Fleisch mit etwas Salz und Pfeffer würzen und in einer Pfanne mit heißem Öl anbraten. Karotte, Frühlingszwiebeln und Paprika in Scheiben/Streifen schneiden. Gemüse zugeben und 3-5 Min. bei mittlerer Hitze mitbraten.
2. Für die Soße Knoblauch, Chilischote und Ingwer im Mixtopf **4 Sek./Stufe 7** zerkleinern. Mit dem Spatel nach unten schieben. Sesamöl zugeben und **2 Min./120°C/Stufe 1** dünsten. Restliche Zutaten für die Soße zugeben und **4-5 Min./90°C/Stufe 3** erhitzen. Sobald die Soße eingedickt ist, Gerät stoppen.
3. Soße aus dem Mixtopf mit in die Pfanne geben, vermengen und servieren.

VARIANTE All-in-One mit Reis:

Dazu passt gut Reis (parboiled). Dieses Gericht können Sie auch All-in-One im Thermomix garen. Hierzu Fleisch und Gemüse in den Varoma geben und 1.200 g Wasser (TM5) oder 1.000 g (TM31) in den Mixtopf füllen. Das Ganze **25 Min./Varoma/Stufe 1** garen. Parallel können Sie den Reis im Gareinsatz mitgaren. Danach bereiten Sie die Soße zu.

Mit Paprika & Zwiebel!

Ungarisches Geschnetzeltes

Zutaten:

250 g	Putengeschnetzeltes
etwas	Salz & Pfeffer
etwas	Öl zum Anbraten
2	rote Zwiebeln (150 g)
2	rote Spitzpaprika (200 g)

für die Soße:

1	Knoblauchzehe
50 g	rote Paprika
½	kl. rote Chilischote, entkernt
1 EL	Öl
50 g	Paprikamark
300 g	Wasser
1 TL	Gemüsebrühpulver
1 TL	Salz, gestrichen
1 Msp.	Pfeffer
1 TL	Paprikapulver, edelsüß
½ TL	Kreuzkümmel, gem.
½ TL	Zucker
½ TL	Senf, mittelscharf
2 Spr.	Zitronensaft
1 Handvoll Petersilie	
1 EL	Speisestärke, leicht gehäuft

x2

2 Portionen

Pro Portion: 310 kcal
30 g KH | 13 g EW
13 g Fett

Zubereitung:

1. Für die Soße Knoblauch, Paprika und Chilischote im Mixtopf **6 Sek./Stufe 6** zerkleinern. Mit dem Spatel nach unten schieben. Öl zugeben und **3 Min./120°C/Stufe 1** dünsten. Restliche Zutaten für die Soße zugeben, **10 Sek./Stufe 5** mixen und **4 Min./90°C/Stufe 3** erhitzen.

2. Fleisch mit etwas Salz und Pfeffer würzen und in einer Pfanne mit heißem Öl anbraten. In der Zwischenzeit Zwiebel und Paprika in Scheiben schneiden. Nachdem das Fleisch angebraten ist, Zwiebel und Paprika zugeben und 3-5 Min. bei mittlerer Hitze mitbraten. Soße aus dem Mixtopf mit in die Pfanne geben und nochmal 2 Min. aufkochen lassen. Fertig!

TIPP
Dazu passt sehr gut Reis oder Kartoffeln.

VARIANTE "Stroganoff Art":
Als Variante können Sie auch Fleischwurst anbraten und noch klein geschnittene Gewürzgurken zugeben. Abgerundet wird das Ganze mit 1-2 EL Sauerrahm.

Ofenkartoffeln mit Hackfleisch

Auflaufform:
rund Ø 22 cm. 5 cm hoch

3 Portionen
Pro Portion: 498 kcal
34 g KH | 25 g EW
28 g Fett

Zutaten:

50 g	Käse (z.B. Gouda)
500 g	Kartoffeln, vorwiegend festkochend
250 g	Hackfleisch, gemischt
etwas	Salz & Pfeffer
etwas	Öl zum Anbraten

für die Soße:

1	Knoblauchzehe
20 g	Röstzwiebeln
1 Handvoll	Petersilie, grob gehackt
300 g	Wasser, lauwarm
100 g	Kochsahne, 15% Fett
½ TL	Pfeffer
½ TL	Paprikapulver, geräuchert
1 TL	Paprikapulver, edelsüß
1 TL	Thymian, getr.
1 TL	Majoran, getr.
1 TL	Salz, leicht gehäuft
1 TL	Gemüsebrühpulver
1 TL	Balsamicoessig, hell
1 EL	Schnittlauch, in Röllchen geschnitten

Zubereitung:

1. Backofen auf 200°C Ober-/Unterhitze (Umluft: 180°C) vorheizen. Käse in Stücken in den Mixtopf geben und **5 Sek./Stufe 7** reiben. Umfüllen.

2. Für die Soße Knoblauchzehe, Röstzwiebeln und Petersilie im Mixtopf **6 Sek./Stufe 7** zerkleinern. Restliche Zutaten für die Soße zugeben und **5 Min./90°C/Stufe 2** aufkochen. In dieser Zeit Kartoffeln schälen und in dünne Scheiben (ca. 3 mm) hobeln. Kartoffelscheiben zugeben und **10 Min./90°C/ ↺ /Sanftrührstufe** garen.

3. Hackfleisch mit Salz und Pfeffer würzen und in einer Pfanne mit heißem Öl anbraten. Kartoffelscheiben samt Soße zum gebratenen Hackfleisch in die Pfanne geben und noch mal 2-3 Min. kochen lassen. In eine Auflaufform füllen, mit geriebenen Käse bestreuen und im vorgeheizten Backofen ca. 30 Min. backen.

GRÖSSERE MENGE : Sie können die Soße im Mixtopf auch verdoppeln. Dabei das Hackfleisch in einem großen Topf anbraten, Kartoffelscheiben und Soße (nach 5 Min./90°C/Stufe 2) zugeben und auf dem Herd ca. 10 Min. kochen lassen.

Köttbullar

Zutaten:

400 g	Hackfleisch, gemischt
1 TL	Salz
¼ TL	Pfeffer
½ TL	Paprikapulver, rosenscharf
etwas	Öl zum Anbraten
150 g	Champignons (braun oder weiß)

für die Soße:

40 g	Apfel, entkernt, geschält
100 g	Sahne
200 g	Wasser
1 TL	Salz
1 Prise	Pfeffer, frisch gem.
1 TL	Gemüsebrühpulver
1 Msp.	Muskat, gem.
1 TL	Tomatenmark
1 TL	Senf, mittelscharf
2 TL	Speisestärke

x2

3 Portionen

Pro Portion: 497 kcal
7 g KH | 30 g EW
39 g Fett

Zubereitung:

1. Hackfleisch, Salz, Pfeffer und Paprikapulver im Mixtopf **1 Min./Teigstufe** vermengen. Aus der Masse ca. 18-20 kleine Bällchen formen. Champignons in Scheiben schneiden. Mixtopf spülen.

2. Apfel im Mixtopf **5 Sek./Stufe 5** zerkleinern. Restliche Zutaten für die Soße zugeben und **5 Min./80°C/Stufe 3** erhitzen.

3. In der Zwischenzeit Hackbällchen in einer Pfanne mit heißem Öl anbraten. Champignons zugeben und mitbraten. Soße aus dem Mixtopf mit in die Pfanne geben und kurz aufkochen lassen. Fertig!

VARIANTE All-in-One mit Reis oder Kartoffeln:

Dazu passen sehr gut Nudeln, Reis oder Kartoffeln. Sie können die Hackbällchen auch All-in-One im Thermomix zubereiten. Hierzu Hackbällchen und Champignons in den Varoma geben und 1.200 g Wasser (TM5) oder 1.000 g (TM31) in den Mixtopf füllen. Das Ganze **25 Min./Varoma/Stufe 1** garen. Parallel können Sie noch Reis oder Kartoffelwürfel im Gareinsatz mitgaren. Danach bereiten Sie die Soße zu. Wer gerne Röstaromen möchten, dem empfehlen wir die Zubereitung in der Pfanne.

Rouladen aus dem Varoma

4 Portionen

Pro Portion: 462 kcal
12 g KH | 31 g EW
31 g Fett

Zutaten:

4	Rinderrouladen
3 EL	Senf, mittelscharf
8	Gewürzgurken
100 g	Frühstücksspeck
100 g	Zwiebel, halbiert
2	Karotten
75 g	Knollensellerie
1 EL	Öl
1.600 g	Wasser (TM31: 1.400 g)
2 EL	Rinderbrühpulver

für die Soße:

600 g	Garflüssigkeit
2 TL	Tomatenmark
1 EL	Speisestärke, leicht gehäuft
½ TL	Paprikapulver, geräuchert
½ TL	Salz
etwas	Pfeffer
1 Msp.	Koriander
30 g	Rotwein*
½ TL	Weinessig

* Rotwein können Sie auch weglassen.

TIPP

Sie können auch mehrere kleine Rouladen in den Varoma geben. Hierzu dann den Einlegeboden mitbenutzen. Wer möchte, kann die Soße noch mit 1 TL Senf verfeinern. Die Rouladen werden nicht angebraten! Das Fleisch wird durch das lange Garen butterzart. Wer dennoch Röstaromen haben möchte, brät die Rouladen nach dem Garen noch kurz an.